Sven Frank

Warum die EU eine neutrale Amtssprache braucht ...

... und Interlingua die Lösung ist

© 2025 Sven Frank
Umschlag, Illustration: Tredition GmbH
Lektorat: Sven Frank, Alberto Hernandez

Druck und Distribution im Auftrag des Autors:
tredition GmbH, Heinz-Beusen-Stieg 5,
D-22926 Ahrensburg

ISBN
Paperback   978-3-384-54861-0
Hardcover   978-3-384-54862-7

Inhaltsverzeichnis

Einleitung..6

Die Geschichte der Europäischen Union 7

Aktuelle Amtssprachen in der EU................... 11

Kosten der Mehrsprachigkeit..........................15

Probleme der Mehrsprachigkeit......................18

Warum die Sprachen der Mitgliedsstaaten als
Amtssprache ungeeignet sind........................21

Vorteile einer neutralen Amtssprache..............24

Erleichterung des internationalen Handels........27

Interlingua als Lösung...................................29

Schritte zur Implementierung.........................34

Beispiele für Übersetzungsfehler aufgrund
von Mehrsprachigkeit...................................37

Traduction in Interlingua.........................41

Einleitung

Die Europäische Union ist ein einzigartiges politisches und wirtschaftliches Gebilde, das mehr als 450 Millionen Menschen in 27 Mitgliedstaaten verbindet. Vielfalt ist eine ihrer größten Stärken – doch genau diese Vielfalt stellt auch eine der größten Herausforderungen dar: die sprachliche Verständigung. Mit 24 Amtssprachen und unzähligen regionalen Dialekten stößt das derzeitige System der Mehrsprachigkeit an seine Grenzen. Es verursacht hohe Kosten, erschwert die Effizienz der EU-Institutionen und führt paradoxerweise dazu, dass einige Sprachen privilegiert werden, während andere an den Rand gedrängt werden.

Ein neutrales, leicht erlernbares Kommunikationsmittel könnte diese Probleme lösen – und genau hier kommt **Interlingua** ins Spiel. Diese geplante Sprache kombiniert Verständlichkeit mit einfacher Grammatik und bietet eine gerechte Alternative, die keine Nation bevorzugt. Doch warum gerade Interlingua? Und welche Vorteile hätte eine neutrale Amtssprache für die EU und ihre Bürger?

Dieses Buch untersucht, warum das aktuelle Sprachenmodell der EU reformbedürftig ist, welche Herausforderungen eine einheitliche Lösung mit sich bringt und warum Interlingua als Brückensprache das Potenzial hat, die EU demokratischer, effizienter und gerechter zu machen.

Die Geschichte der Europäischen Union

Die Europäische Union (EU) ist ein einmaliges Politik-konzept, das auf der Idee beruht, Frieden, Stabilität und Wohlstand in Europa zu fördern. Ihre Wurzeln gehen bis in die Zeit nach dem Zweiten Weltkrieg zurück, als Europa sich mit den verheerenden Folgen des Krieges konfrontiert sah.

Die Anfänge: Die europäische Integration nach dem Zweiten Weltkrieg

Nach dem Ende des Zweiten Weltkriegs im Jahr 1945 waren die europäischen Länder bestrebt, wiederaufzu-bauen und zukünftige Konflikte zu vermeiden. Vor die-sem Hintergrund wurde die *Montanunion* (EGKS) im Jahr 1951 gegründet. Die sechs Gründungsmitglieder – Belgien, Deutschland, Frankreich, Italien, die Nieder-lande und Luxemburg – wollten durch die gemeinsame Kontrolle von Kohle und Stahl die wirtschaftliche Zu-sammenarbeit und somit auch die politische Stabilität fördern.

Die Römischen Verträge und die Gründung der EWG

Im Jahr 1957 unterzeichneten die Gründungsstaaten die Römischen Verträge, die Europäische Wirtschaftsge-meinschaft (EWG) ins Leben riefen. Ziel der EWG war die Schaffung eines gemeinsamen Marktes, der den freien Verkehr von Waren, Dienstleistungen, Personen und Kapital fördert. Mit dem gemeinsamen Markt soll-ten wirtschaftliche Barrieren abgebaut und ein wirt-schaftliches Wachstum angestoßen werden.

Erweiterungen und Entwicklung der politischen Zusammenarbeit

In den folgenden Jahren trat die EWG einer Reihe von Ländern bei. In den 1970er Jahren erfolgten erste Erweiterungen: Großbritannien, Irland und Dänemark traten 1973 bei. Die Gemeinschaft wurde auch politisch aktiver, um sich mit gesellschaftlichen Herausforderungen wie Umweltschutz und sozialen Fragen auseinanderzusetzen.

Der Vertrag von Maastricht und die Schaffung der Europäischen Union

Ein entscheidender Moment in der Geschichte der EU war der *Vertrag von Maastricht*, der 1992 unterzeichnet und 1993 in Kraft trat. Mit diesem Vertrag wurde die Europäische Union offiziell gegründet, und die wirtschaftliche Integration wurde um eine politische Dimension erweitert. Der Vertrag legte die Grundlagen für die Einführung einer gemeinsamen Währung, dem Euro, und schuf die drei Säulen der EU: die Europäische Gemeinschaft, die Gemeinsame Außen- und Sicherheitspolitik sowie die Zusammenarbeit im Bereich der Justiz und Inneres.

Die Einführung des Euro und weitere Erweiterungen

Der Euro wurde 1999 als Buchgeld eingeführt und 2002 als Bargeld in 12 EU-Ländern. Die Erweiterung der EU erreichte 2004 ihren Höhepunkt, als zehn Mittel- und Osteuropäische Länder – darunter Polen, Ungarn und die Tschechische Republik – eintraten. Diese

Erweiterung symbolisierte das Ende des Kalten Krieges und die Wiedervereinigung Europas.

Der Vertrag von Lissabon und die Stärkung der EU-Institutionen

Im Jahr 2009 trat der *Vertrag von Lissabon* in Kraft, der die Entscheidungsfindung innerhalb der EU verbessern sollte. Der Vertrag führte den Europäischen Rat als Institution ein, stärkte die Rolle des Europäischen Parlaments und erweiterte die Befugnisse der EU in Bereichen wie Außenpolitik und Menschenrechte.

Aktuelle Herausforderungen und die Zukunft der EU

Die EU sieht sich derzeit verschiedenen Herausforderungen gegenüber, darunter die Auswirkungen der Finanzkrise, die Flüchtlingskrise, der Brexit und geopolitische Spannungen. Trotz dieser Herausforderungen bleibt die EU ein entscheidender Akteur auf der globalen Bühne, der versucht, Stabilität und Wohlstand zu fördern.

Die Geschichte der Europäischen Union ist eine Geschichte von Frieden, Zusammenarbeit und Integration. Sie bringt Länder zusammen, die einst Rivalen waren, und arbeitet an einem gemeinsamen Ziel: einem vereinten und prosperierenden Europa. In Zeiten von Krisen und Unsicherheiten ist die Rolle der EU wichtiger denn je, um die gemeinsamen Werte der Demokratie, der Menschenrechte und der Rechtsstaatlichkeit zu verteidigen.

Die zukünftige Entwicklung der EU wird entscheidend dafür sein, wie Europa auf kommende Herausforderungen reagiert und wie die Mitgliedstaaten weiterhin zusammenarbeiten können, um eine bessere Zukunft für ihre Bürger zu schaffen.

Aktuelle Amtssprachen in der EU

Die Europäische Union (EU) hat eine komplexe sprachliche Landschaft, die durch ihre Mehrsprachigkeit geprägt ist. Die derzeit 24 Amtssprachen der EU sind:

1. Bulgarisch (ca. 7 Mio. Muttersprachler in EU)

2. Dänisch (ca. 5 Mio. Muttersprachler in EU)

3. Deutsch (ca. 95 Mio. Muttersprachler in EU)

4. Englisch (ca. 6 Mio. Muttersprachler in EU)

5. Estnisch (ca. 1,3 Mio. Muttersprachler in EU)

6. Finnisch (ca. 5 Mio. Muttersprachler in EU)

7. Französisch (ca. 80 Mio. Muttersprachler in EU)

8. Griechisch (ca. 10 Mio. Muttersprachler in EU)

9. Irisch (ca. 70.000 Muttersprachler in EU)

10. Italienisch (ca. 65 Mio. Muttersprachler in EU)

11. Kroatisch (ca. 5 Mio. Muttersprachler in EU)

12. Lettisch (ca. 1,8 Mio. Muttersprachler in EU)

13. Litauisch (ca. 3 Mio. Muttersprachler in EU)

14. Maltesisch (ca. 500.000 Muttersprachler in EU)

15. Niederländisch (ca. 25 Mio. Muttersprachler in EU)

16. Polnisch (ca. 38 Mio. Muttersprachler in EU)

17. Portugiesisch (ca. 10,5 Mio. Muttersprachler in EU)

18. Rumänisch (ca. 34 Mio. Muttersprachler in EU)

19. Slowakisch (ca. 5,5 Mio. Muttersprachler in EU)

20. Slowenisch (ca. 2,5 Mio. Muttersprachler in EU)

21. Spanisch (ca. 45 Mio. Muttersprachler in EU)

22. Schwedisch (ca. 10,5 Mio. Muttersprachler in EU)

23. Tschechisch (ca. 10,7 Mio. Muttersprachler in EU)

24. Ungarisch (ca. 9 Mio. Muttersprachler in EU)

Verwendung der Amtssprachen

Alle offiziellen EU-Dokumente, einschließlich Verträgen, Verordnungen und Richtlinien, werden in allen Amtssprachen veröffentlicht. Dies gewährleistet, dass alle Bürgerinnen und Bürger der Mitgliedstaaten diese Dokumente in ihrer eigenen Sprache lesen und verstehen können.

Die EU fördert die Kommunikation in den Amtssprachen, um sicherzustellen, dass die Bürger über politische Entwicklungen und gesetzgeberische Änderungen informiert sind. Websites der EU-Institutionen und verschiedene Publikationen sind in mehreren Sprachen verfügbar.

Bei offiziellen Treffen, Konferenzen und Parlamentssitzungen der EU werden sowohl Übersetzungs- als auch Dolmetschdienste bereitgestellt, um eine gleichberechtigte Teilnahme aller Mitgliedstaaten zu gewährleisten.

Mehrsprachigkeit ist auch ein entscheidender Faktor in der Bildungspolitik der EU. Programme wie Erasmus+ fördern das Erlernen von Sprachen und interkulturelle Austauschmöglichkeiten.

Gründe für die Mehrsprachigkeit

Die EU besteht aus 27 Mitgliedstaaten, die unterschiedliche Sprachen, Kulturen und Traditionen repräsentieren. Die Amtssprachen spiegeln diese Vielfalt wider und respektieren die Identität der jeweiligen Nationen.

Die Mehrsprachigkeit sorgt dafür, dass alle EU-Bürger die Möglichkeit haben, an der politischen und rechtlichen Diskussion in der EU teilzunehmen. Durch die Bereitstellung von Informationen in der jeweiligen Landessprache wird eine informierte Teilnahme an demokratischen Prozessen gefördert.

Die Verwendung mehrerer Sprachen in der EU stellt sicher, dass keine Sprache bevorzugt oder benachteiligt wird. Jeder Bürger hat das Recht, in seiner eigenen Sprache zu kommunizieren und Informationen zu erhalten.

Mehrsprachigkeit fördert den Austausch und das Verständnis zwischen den Kulturen der Mitgliedstaaten, was zu einer stärkeren europäischen Identität beitragen kann.

Die EU hat sich verpflichtet, die Mehrsprachigkeit zu unterstützen, um die Rechte der Bürger zu schützen und sicherzustellen, dass Verbote von Diskriminierung auf der Grundlage der Sprache eingehalten werden.

Insgesamt ist die Mehrsprachigkeit in der EU ein wesentlicher Bestandteil der Integration und des Zusammenhalts der Mitgliedstaaten, der zur Stärkung der europäischen Identität und zur Förderung des politischen Engagements beiträgt.

Kosten der Mehrsprachigkeit

Die Kosten der Mehrsprachigkeit in der Europäischen Union (EU) können in verschiedenen Bereichen betrachtet werden, und sie stehen im Kontext des gesamten Haushalts der EU. Diese Kosten umfassen sowohl direkte als auch indirekte Ausgaben. Hier sind einige zentrale Aspekte und Faktoren, die Kosten der Mehrsprachigkeit betreffen:

Direkte Kosten

Diese umfassen hauptsächlich die Ausgaben für Übersetzungs- und Dolmetschdienste.

Amtssprachen, und alle offiziellen Dokumente müssen oft in allen diesen Sprachen übersetzt werden. Das bedeutet, dass für jedes Dokument eine signifikante Menge an finanziellen Mitteln für Übersetzungen eingeplant werden muss, was die Kosten in die Höhe treibt.

Bei Konferenzen und anderen offiziellen Sitzungen ist Dolmetschen erforderlich. Dies verursacht zusätzliche Kosten, da Übersetzer und Dolmetscher engagiert werden müssen.

Indirekte Kosten

Hierbei handelt es sich um Kosten, die nicht direkt aus dem Übersetzungsprozess resultieren, aber dennoch mit der Mehrsprachigkeit in Verbindung stehen.

EU-Mitarbeiter müssen häufig in mehreren Sprachen geschult werden, was zu erhöhten Ausbildungskosten führt.

Die Verwendung mehrerer Sprachen kann zu einer komplexen Bürokratie führen, die mehr Personal und Ressourcen erfordert, um diese Effizienz aufrechtzuerhalten.

Was an dieser Stelle komplett unbeachtet und nicht kalkulierbar bleibt, sind die Kosten, die durch Übersetzungsfehler oder Fehlinterpretation von kulturell spezifischen Eigenarten in Texten entstehen.

Gesamtetat der EU

Der Haushalt der EU wird jährlich festgelegt und umfasst alle finanziellen Ausgaben der Union in verschiedenen Bereichen wie Landwirtschaft, Regionalentwicklung, Forschung und Sicherheit.

Der Gesamthaushalt der EU für das Jahr 2024 betrug rund 189 Milliarden Euro. Die genauen Mittelanteile, die für Mehrsprachigkeitsdienste aufgewendet werden, variieren je nach Jahr und spezifischen Programmen.

Schätzungen zufolge liegen die jährlichen Kosten für Übersetzungs- und Dolmetschdienste zwischen mehreren hundert Millionen und einer Milliarde Euro, was einen kleinen, aber signifikanten Prozentsatz des Gesamtbudgets ausmacht.

Es ist wichtig zu betonen, dass die Investitionen in Mehrsprachigkeit von EU-Seite her aus verschiedenen Gründen bisher als vorteilhaft und lohnenswert angesehen wurde.

Sie ermöglicht eine bessere Kommunikation zwischen den Mitgliedstaaten, was zu einer kohärenteren politischen Entscheidung und einem besseren Verständnis führt.

Mehrsprachigkeit kann helfen, den Tourismus zu fördern und bilaterale Beziehungen zwischen den Mitgliedsländern zu stärken.

Probleme der Mehrsprachigkeit

Die mehrsprachige Landschaft der Europäischen Union bietet gewisse Vorteile, bringt jedoch weitaus mehr Nachteile mit sich.

Unterschiedliche Sprachen haben in der Vergangenheit die Verständigung zwischen Mitgliedstaaten und innerhalb von Institutionen erschwert.

Die Übersetzung von Dokumenten und die Bereitstellung von Dolmetschdiensten verursachen wie oben erwähnt hohe Kosten für die EU-Institutionen.

Mehrsprachigkeit erfordert komplexe Verwaltungsstrukturen, um den Anforderungen der verschiedenen Sprachen gerecht zu werden.

Einige Sprachen sind dominanter (wie Englisch), während andere weniger Anerkennung und Ressourcen erhalten.

Bürger, die nicht in den offiziellen Sprachen der EU kommunizieren, haben eingeschränkten Zugang zu Informationen.

Mehrsprachige Kommunikation hat die Effizienz von Entscheidungsprozessen in der EU verlangsamt und fehleranfällig gemacht.

Schulen müssen mehr Ressourcen aufwenden, um den Schülern mehrere Sprachen beizubringen, was die Bildungskosten erhöht.

Migranten, die nicht die Sprache des Gastlandes sprechen, haben Schwierigkeiten bei der Integration in die Gesellschaft.

Sprachunterschiede rufen kulturelle Missverständnisse hervor, die Zusammenarbeit behindern.

Muttersprachler der drei Hauptsprachen Englisch, Französisch und Deutsch sind in Verhandlungen im Vorteil gegenüber Muttersprachlern anderer Sprachen.

Zudem wird die Prävalenz von dominant gesprochenen Sprachen zu einem Rückgang kleinerer Sprachen führen.

Die Notwendigkeit, Mehrsprachigkeit zu berücksichtigen, verkompliziert bürokratische Prozesse.

Menschen fühlen sich durch Sprachbarrieren weniger geneigt, innerhalb der EU zu reisen oder zu arbeiten.

Unternehmen müssen mehrsprachige Produkte oder Dienstleistungen anbieten, um in verschiedenen Ländern tätig zu sein.

Kleine Unternehmen haben Schwierigkeiten, die Kosten und Anforderungen der Mehrsprachigkeit zu erfüllen.

Arbeitnehmer, die nicht mehrere Sprachen sprechen, sind von bestimmten Karrierechancen ausgeschlossen.

In einigen Regionen gibt es einen Mangel an qualifizierten Personen, die mehrere Sprachen sprechen können.

Unterschiede in den Sprachen führten in der Vergangenheit zur politischen und kulturellen Polarisierung innerhalb der EU.

Touristen stoßen auf Schwierigkeiten, wenn sie mit mehrsprachigen Informationen konfrontiert werden.

Es besteht ein erhöhter Bedarf an Sprachdienstleistungen und -programmen, um die Mehrsprachigkeit zu fördern.

Softwarelösungen und Apps müssen oft für mehrere Sprachen angepasst werden, was zusätzlichen Aufwand erfordert.

Länder haben Schwierigkeiten, genügend Ressourcen für den Erhalt und die Förderung weniger gebräuchlicher Sprachen bereitzustellen.

Sprecher von Minderheitensprachen werden sozial stigmatisiert, was zu Diskriminierung führt.

Es ist herausfordernd, eine nachhaltige und konsistente Sprachpolitik zu entwickeln, die alle Sprachen gleichermaßen berücksichtigt.

Sprachpolitische Fragen führen zu internen Konflikten innerhalb von Nationen oder zwischen Mitgliedstaaten führen.

Diese Nachteile sollten im Kontext der vielen Vorteile der Mehrsprachigkeit in der EU betrachtet werden, darunter kulturelle Vielfalt, verbessertes Lernen und wirtschaftliche Chancen.

Warum die Sprachen der Mitgliedsstaaten als Amtssprache ungeeignet sind

Eine der Amtssprachen der Europäischen Union, wie zum Beispiel Englisch, Französisch oder Deutsch, als einzige Amtssprache zu haben, wäre aus mehreren Gründen ungeeignet.

Wie erwähnt besteht die Europäische Union aus 27 Mitgliedstaaten, die eine Vielzahl von Sprachen sprechen. Jede Sprache und Kultur hat ihre eigenen Werte, Traditionen und Kommunikationsstile. Wenn nur eine Sprache als Amtssprache festgelegt wird, führt dies zu einer Marginalisierung und Benachteiligung derjenigen Staaten, die diese Sprache nicht sprechen oder für die sie nicht die Muttersprache ist.

Nicht alle EU-Bürger sprechen die gleiche Sprache fließend. Eine einzelne Amtssprache führt zu Kommunikationsbarrieren, insbesondere für Menschen, die Sprache nicht gut beherrschen oder die sie nicht gelernt haben. Dies beeinträchtigt die Teilhabe am politischen Prozess und die Integration innerhalb der EU.

Sprache ist ein wichtiges Element der kulturellen Identität. Die Festlegung einer einzigen Amtssprache wird als Versuch wahrgenommen, die kulturelle Vielfalt der EU zu homogenisieren. Dies führte in der Vergangenheit bereits häufiger zu Widerstand und Unzufriedenheit unter den Mitgliedstaaten, die ihre Sprache und

Kultur als Teil ihrer nationalen Identität schätzen wie z.B. Ungarn.

Die Verwaltung und Umsetzung von Entscheidungen in nur einer Sprache führt zu praktischen Herausforderungen, insbesondere in mehrsprachigen Kontexten. Dokumente und Kommunikation müssen konsequent und vor allem korrekt übersetzt werden, was zusätzlichen Aufwand und Kosten verursacht und eine vermeidbare Fehlerquelle bei Entscheidungsprozessen darstellt.

Die Wahl einer einzigen nicht-neutralen Amtssprache verstärkt politische Spannungen innerhalb der EU. Mitgliedstaaten, die nicht mit der gewählten Sprache zufrieden sind oder in denen diese Sprache nicht weit verbreitet ist, werden sich benachteiligt fühlen, was die Zusammenarbeit und den Zusammenhalt innerhalb der Union gefährden könnte.

Ein System, das auf einer nicht-neutralen Amtssprache basiert, erschwert den Zugang zu Bildung und Informationen für Nichtsprachkundige. Dies erschwert die Integration von Migranten und anderen Bevölkerungsgruppen, welche die dominante Sprache nicht sprechen, und verstärkt soziale Ungleichheiten.

Zusammenfassend lässt sich sagen, dass die Vielfalt der Sprachen in der Europäischen Union nicht nur die kulturelle Identität und das Erbe der Mitgliedstaaten widerspiegelt, sondern auch praktischen und politischen Herausforderungen begegnet. Eine nicht-neutrale

Amtssprache repräsentiert diese Vielfalt nicht angemessen und verstärkte in der Vergangenheit sowohl soziale als auch politische Spannungen innerhalb der Union. Daher ist die Implementation einer neutralen Amtssprache in der EU ein wichtiger Bestandteil ihrer Funktionsweise und ihrer Werte.

Vorteile einer neutralen Amtssprache

Eine neutrale Sprache als einheitliche Amtssprache für die Europäische Gemeinschaft und deren Mitgliedstaaten bringt zahlreiche Vorteile mit sich.

Zum einen stärkt eine neutrale Sprache das Gefühl gegenseitiger Zugehörigkeit und europäischer Identität.

Eine gemeinsame Sprache erleichtert die Kommunikation zwischen den Mitgliedstaaten und deren Bürgern.

Die Verwendung einer neutralen Sprache minimiert missverständliche Übersetzungen und Interpretationen.

Die Verwaltungskosten für Übersetzungen und Dolmetschdienste in mehrere Sprachen werden erheblich gesenkt.

Bürger haben leichteren Zugang zu amtlichen Informationen und Dokumenten in einer einheitlichen Sprache.

Alle Bürger haben die gleichen Chancen, an politischen Prozessen teilzunehmen, unabhängig von ihrer Muttersprache.

Der Prozess der Gesetzgebung wird effizienter gestaltet, da weniger Übersetzungen erforderlich sind.

Bildungsinstitutionen können Programme zur Erlernung der neutrale Sprache anbieten, was die Sprachkenntnisse der Bürger fördert.

Eine einheitliche Sprache fördert und erleichtert den internationalen Tourismus.

Unternehmen werden von geringeren Sprachbarrieren profitieren und können einfacher in anderen Mitgliedstaaten agieren. Außerdem eröffnet sich der lateinamerikanische Markt als Handelspartner, im Falle der später präsentierten Lösung.

Der freie Handel zwischen Ländern wird durch eine einheitliche Sprache erleichtert.

Eine gemeinsame neutrale Sprache fördert den Austausch kultureller Werte und Traditionen fördern.

Eine neutrale Sprache verbessert die Kommunikation mit anderen internationalen Organisationen und stärkt die EU nach außen.

Die Akzeptanz einer neutralen Sprache erhöht das Bewusstsein für sprachliche und kulturelle Vielfalt.

Konflikte über die Vorherrschaft bestimmter Sprachen werden signifikant vermindert.

Migranten und Bürger aus anderen Ländern können einfacher integriert werden.

Eine neutrale Sprache trägt dazu bei, Vorurteile gegenüber bestimmten nationalen Sprachen und Kulturen abzubauen.

Die Implementierung digitaler Lösungen wird einfacher, da IT-Systeme in einer einheitlichen Sprache entwickelt werden können.

Bildungseinrichtungen können leichter Materialien in der neutralen Sprache bereitstellen.

Die Verwendung einer einheitlichen Sprache stärkt das soziale Zusammengehörigkeitsgefühl stärken.

Der Austausch von Forschung und Wissen zwischen den Staaten wird durch eine einheitliche Sprache gefördert.

Mehr Bürger können sich aktiv an politischen Prozessen beteiligen.

Die einheitliche Sprache erleichtert den Zugang zu Stellenangeboten in anderen Ländern.

Organisationen können einfacher über Sprachgrenzen hinweg zusammenarbeiten, v.a. medizinische Dienste oder Ermittlungsbehörden.

Der Austausch von Ideen und Innovation wird durch die Vereinfachung der Kommunikation gefördert.

Diese Vorteile tragen dazu bei, die Zusammenarbeit in der Europäischen Union zu intensivieren und Entscheidungsprozesse insgesamt zu vereinfachen.

Erleichterung des internationalen Handels

Eine neutrale Sprache als einheitliche Amtssprache für die Europäische Union verbessert zudem den internationalen Handel.

Eine gemeinsame Sprache baut die Kommunikationsbarrieren zwischen den Mitgliedsstaaten ab. Dies erleichtert Verhandlungen, Vertragsabschlüsse und den Austausch von Informationen, was zu schnelleren und effizienteren Handelsprozessen führen kann.

Unternehmen außerhalb der EU hätten unmittelbar Zugang zu allen Mitgliedstaaten, ohne sprachliche Barrieren befürchten zu müssen. Das gilt bei der im Anschluss präsentierten Lösung insbesondere für den lateinamerikanischen Markt.

Wenn alle Handelspartner die gleiche Sprache sprechen, werden Missverständnisse reduziert. Das sorgt für mehr Klarheit in den Geschäftsbeziehungen und fördert das Vertrauen zwischen den Handelspartnern.

Eine neutrale Sprache erleichtert es kleineren Unternehmen und neuen Marktteilnehmern, international tätig zu werden. Der Zugang zu Informationen, Märkten und Geschäftspartnern wird einfacher, da weniger Sprachbarrieren bestehen.

Einheitliche rechtliche und technische Begriffe in einer gemeinsamen Sprache standardisieren die Erstellung und das Verständnis von Verträgen. Dies verringert

Rechtsstreitigkeiten und erhöht die Sicherheit im internationalen Handel.

Eine gemeinsame Sprache befruchtet den Wissensaustausch und die Zusammenarbeit zwischen Unternehmen und Forschungseinrichtungen in verschiedenen Ländern, was zu Innovation und effizienteren Handelspraktiken führt.

Durch den Einsatz einer neutralen Sprache rücken Länder und Kulturen näher zusammen, was nicht nur den Handel, sondern auch die politischen und sozialen Beziehungen stärkt.

Interlingua als Lösung

Bei der Betrachtung von Plansprachen wie Esperanto, Ido, Volapük und Interlingua als mögliche neutrale Amtssprache in der EU gibt es mehrere Kriterien, die berücksichtigt werden müssen, darunter Verständlichkeit, Einfachheit, Lernbarkeit, kulturelle Akzeptanz und praktische Anwendbarkeit. Hierzu sei an dieser Stelle ein Vergleich Vergleich erlaubt:

Esperanto

Esperanto hat eine relativ hohe Akzeptanz und wird weltweit von vielen Menschen gesprochen. Die Grammatik ist einfach und regularisiert, was das Verständnis erleichtert. Die Sprache hat eine klare und logische Struktur mit wenigen Ausnahmen. Das Vokabular basiert hauptsächlich auf europäischen Sprachen. Esperanto gilt als eine der am leichtesten zu lernenden Plansprachen, mit einer geschätzten Lernzeit von etwa 600 Stunden für einen deutschen Muttersprachler, um flüssig zu werden (das entspricht in etwa derselben Zeit, die ein deutscher Muttersprachler benötigt, um Englisch, Schwedisch, Niederländisch o.ä. Sprachen zu lernen). Esperanto hat eine bestehende Gemeinschaft von Sprechern weltweit und eine gewisse kulturelle Infrastruktur (z.B. Literatur, Veranstaltungen). Allerdings handelt es sich hierbei um eine konstruierte Sprache, weshalb sie nur von Menschen verstanden wird, die sie selbst auch gelernt haben.

Ido

Ido ist eine Reform von Esperanto, die darauf abzielt, einige Unklarheiten und Unregelmäßigkeiten zu beseitigen. Es hat jedoch eine kleinere Sprecherbasis im Vergleich zu Esperanto. Ido hat eine ähnliche Grammatik wie Esperanto, aber es beinhaltet einige Änderungen zur Vereinfachung, was es ebenfalls relativ einfach zu lernen macht. Ido wird im Allgemeinen als leicht erlernbar angesehen, wobei die Lernzeit ähnlich wie bei Esperanto eingeschätzt wird. Ido hat eine kleinere, aber engagierte Gemeinschaft und weniger internationale Relevanz als Esperanto. Die Anwendung von Ido in der internationalen Kommunikation ist begrenzt, da recht wenige Menschen die Sprache aktiv sprechen. Auch hier stößt man auf das Phänomen, dass es nur verstanden wird, wenn man es vorher erlernt hat.

Volapük

Volapük ist eine der ältesten Plansprachen, hat jedoch eine komplexe Grammatik und ein teilweise ungewöhnliches Vokabular, was es für Nichtsprechende schwer verständlich macht. Die Grammatik ist weit weniger regelmäßig und einfacher als viele natürliche Sprachen, hat aber komplexere Strukturen als die anderen Plansprachen in dieser Liste. Volapük gilt als schwerer zu erlernen aufgrund seiner Nähe zu natürlichen Sprachen, was die Motivation der Lernenden verringern kann.

Volapük hat heute eine sehr kleine Gemeinschaft, und viele Menschen sind mit dieser Sprache nicht vertraut. Die Anwendung ist sehr gering, und Volapük hat nicht die gleiche internationale Präsenz wie andere Plansprachen. Auch hier muss die Sprache zunächst erlernt werden, um sie verstehen zu können.

Interlingua

Interlingua ist keine Plansprache im eigentlichen Sinne, sondern der eine von Sprachwissenschaftlern systematisierte und in einer Sprache zusammengefasste Sammlung des gemeinsamen Wortschatzes europäischer Sprachen. Interlingua basiert auf dem Wortschatz lateinischen und griechischen Ursprungs, der in den germanischen, romanischen und slawischen Sprachen bereits als Lehn- oder Fremdwortschatz enthalten ist. Aus diesem Grund ist Interlingua für Sprecher romanischer Sprachen oder Akademikern auf Anhieb verständlich, selbst wenn diese niemals zuvor mit der Sprache in Berührung gekommen sind. Die Grammatik ist einfach und die Rechtschreibung ist phonetisch. Interlingua ist so konzipiert, dass es eine hohe Verständlichkeit hat, frei von komplexen grammatischen Strukturen. Interlingua ist leicht zu erlernen, besonders für Menschen mit Kenntnissen in romanischen Sprachen, aber auch für andere könnte es relativ schnell zugänglich sein. Ein Muttersprachler des Deutschen benötigt maximal 60 Stunden, um die Sprache fließend zu sprechen. Interlingua hat im Gegensatz zu den anderen drei Sprachen keine klassische Gemeinschaft, da ihre Anwendbarkeit im Business, Urlaub oder Privatleben unmittelbar funktioniert. Man ist anders als bei Esperanto, Ida oder Volapük nicht darauf angewiesen, sich ausschließlich mit Menschen zu unterhalten, die ebenfalls Interlingua gelernt haben, sondern man kann direkt mit den o.g. Personengruppen kommunizieren – weltweit entspricht das ca. 2 Milliarden Menschen. Interlingua wird häufig in wissenschaftlicher und technischer Kommunikation verwendet, findet aber auch immer Mehr Zugang im internationalen Business, vor allem mit Lateinamerika sowie in der Tourismusbranche.

Fazit

Interlingua kann als die beste Option für eine neutrale Amtssprache in der EU angesehenwerden.

Interlingua basiert auf einem gemeinsamen europäischen Wortschatz und den Lexika der romanischen Sprachen, was bedeutet, dass es von vielen Menschen verstanden wird, die bereits Kenntnisse in Sprachen wie Spanisch, Französisch, Italienisch oder Portugiesisch haben. Die Schätzung von über 2 Milliarden Menschen, die Grundlagen der romanischen Sprachen verstehen, ist ein großer Vorteil, da dies die Verbreitung und Akzeptanz der Sprache fördert.

Die Grammatik von Interlingua ist relativ einfach und intuitiv, was es leichter macht, die Sprache zu lernen. Dies erleichtert den Menschen, die Sprache schnell zu erlernen und zu verwenden, ohne sich mit komplexen grammatikalischen Regeln auseinandersetzen zu müssen.

Interlingua wurde entwickelt, um kulturelle Neutralität zu fördern. Sie ist nicht mit einer bestimmten Kultur oder Nation verbunden, was sie zu einer idealen Option für das Sprachenproblem der EU.

Da Interlingua von Sprachwissenschaftlern speziell als Werkzeug internationaler Kommunikation entwickelt wurde, ist sie speziell darauf ausgelegt, die Kommunikation zwischen Menschen verschiedener Sprachhintergründe zu erleichtern. Dadurch wird der Austausch in Wissenschaft, Technik und Kultur, aber auch im Bereich Business und Tourismus unterstützt.

Mit der zunehmenden Globalisierung und der Notwendigkeit, über Sprachbarrieren hinweg zu kommunizieren, gewinnt Interlingua als neutrale lingua franca an Bedeutung.

Interlingua kann also als eine praktische und zugängliche Lösung für die internationale und vor allem intraeuropäische Kommunikation angesehen werden, da viele Menschen sie verstehen und nutzen können, während sie gleichzeitig einen gemeinsamen europäischen Wortschatz repräsentiert.

Schritte zur Implementierung

Die Implementierung von Interlingua als neutrale Amtssprache in der Europäischen Union ist ein umfassender und komplexer Prozess.

Daher hier ein Abriss der einzelnen Schritte, die nun getan werden müssen, um Interlingua als neutrale Amtssprache in der EU einzuführen:

Zieldefinition: Klare Ziele und Vorteile der Einführung von Interlingua als Amtssprache formulieren.

Stakeholder-Analyse: Identifizierung der wichtigsten Akteure, einschließlich politischer Entscheidungsträger, linguistischer Experten und der Öffentlichkeit.

Gesetzgebung: Entwurf und Verabschiedung von entsprechenden Rechtsvorschriften zur Anerkennung von Interlingua als Amtssprache.

Verhandlungen: Diskussionen mit den Mitgliedstaaten der EU, um deren Unterstützung zu gewinnen und mögliche Bedenken auszuräumen.

Lehrpläne: Entwicklung von Lehrplänen und Materialien für Schulen und Hochschulen, um Interlingua zu unterrichten.

Fortbildungsprogramme: Schulungen für Lehrer und öffentliche Mitarbeiter, um die notwendigen Sprachkenntnisse zu fördern.

Informationskampagnen: Durchführung von Kampagnen zur Sensibilisierung der Öffentlichkeit für die

Vorteile von Interlingua.

Workshops und Veranstaltungen: Organisation von Veranstaltungen, um Interlingua vorzustellen und Menschen zum Lernen zu motivieren.

Übersetzungsdienste: Einrichtung von Übersetzungs- und Dolmetschdiensten für die Verwendung von Interlingua in EU-Institutionen.

Dokumentation: Übersetzung von offiziellen Dokumenten und Materialien in Interlingua, um die Verwendung im offiziellen Schriftverkehr zu fördern.

Digitale Ressourcen: Entwicklung von Online-Ressourcen, Übersetzungswerkzeugen und Sprachlern-Apps, um den Zugang zu erleichtern.

Plattformen für den Austausch: Schaffung von Online-Communities, in denen Menschen Interlingua lernen und anwenden können.

Feedback sammeln: Regelmäßige Evaluierung der Implementierung und Sammlung von Feedback aus der Bevölkerung.

Anpassungen vornehmen: Basierend auf den Rückmeldungen Anpassungen am Lehrplan, an Programmen und an der rechtlichen Rahmenbedingungen vornehmen.

Die Einführung von Interlingua als neutrale Amtssprache in der EU wäre eine langfristige Initiative, die viel

Koordination, Unterstützung und Engagement von verschiedenen Akteuren erfordert. Es wäre wichtig, die Vielfalt der kulturellen und sprachlichen Hintergründe der EU-Mitgliedstaaten zu berücksichtigen und sicherzustellen, dass der Prozess inklusiv und respektvoll gegenüber vorhandenen Sprachen bleibt.

Beispiele für Übersetzungsfehler aufgrund von Mehrsprachigkeit

Übersetzungsfehler in den Dokumenten der Europäischen Union sind vielfältig und entstehen oft durch sprachliche Nuancen oder kontextuelle Unterschiede. Hier sind Beispiele, die verdeutlichen, wie solche Fehler aussehen:

"Gift" im Englischen als "Gift" im Deutschen statt "Geschenk" übersetzt.

"Actual" im Englischen als "Aktuell" statt als "Tatsächlich" übersetzt.

"Fabric" im englischen Text als "Fabrik" statt "Gewebe" übersetzt.

Missverständliche Übersetzung von "Policy" als "Polizei" anstelle von "Politik".

"Chef" im Englischen als "Chef" im Deutschen statt "Koch" übersetzt.

"Brave" im Englischen falsch als "Brav" anstelle von "Mutig".

"Librarian" falsch als "Libraire" im Französischen statt "Bibliothécaire".

"Sympathetic" als "Sympathisch" statt als "Mitfühlend" übersetzt.

"Eventual" als "Eventuell" statt "Schließlich".

"Pretend" als "Prätendent" statt "So tun als ob".

Verwechslung von "Mayor" und "Major".

"Assist" als "Assistieren" anstelle von "helfen".

"Complexion" als "Komplexität" statt als "Hautfarbe".

"Constipation" als "Konstellation" statt als "Verstopfung".

"Raisins" im Englischen als "Rasins" im Französischen statt "Raisins secs".

"Sensible" im Englischen als "Sensibel" statt als "Vernünftig".

Verwechslung von "Department" und "Deponie".

"Gymnasium" im Englischen als "Gymnasium" im Deutschen statt "Turnhalle".

"Mark" als "Marke" statt "Note".

"Billion" als "Billion" im Deutschen anstelle von "Milliarde".

"Lecture" als "Lektüre" statt als "Vortrag".

Solche Fehler entstehen oft durch falsche Freunde, also Wörter, die in zwei Sprachen ähnlich klingen oder geschrieben werden, aber unterschiedliche Bedeutungen haben. Diese Fehler unterstreichen die Wichtigkeit einer genauen Übersetzung, besonders in offiziellen Dokumenten.

Übersetzungsfehler in Dokumenten der Europäischen Union führen manchmal zu Missverständnissen oder peinlichen Situationen führen. Hier sind ein paar Beispiele für solche Fehler:

Fischereipolitik: In einem Fall wurde der Begriff "fishing" im Englischen mit "Fischen" übersetzt, was im Deutschen auch Freizeitfischen bedeutet, während es sich eigentlich auf die kommerzielle Fischerei beziehen sollte. Das führte zu Verwirrung über die Regelungen, die nur für den kommerziellen Sektor gedacht waren.

Lebensmittelverordnung: In einem juristischen Dokument wurde der Begriff "conservation" (Erhaltung) fälschlicherweise mit "Konservierung" übersetzt, was spezifisch das Einlegen oder haltbar machen von Lebensmitteln bedeutet.

Rechtsvorschriften: Einmal wurde "Community law" (Gemeinschaftsrecht) als "Kommunalrecht" übersetzt, was den Kontext völlig änderte und auf lokales, nicht EU-Recht hinwies.

Wirtschaftsbericht: In einem Bericht wurde das englische Wort "billion" (Milliarde) fälschlicherweise als "Billion" im Deutschen übersetzt, was eine Billion (tausend

Milliarden) bedeutet und damit die Zahlen erheblich verfälschte.

Agrarpolitik: Der Begriff "yield" wurde einmal falsch als "Ertrag" in Sinne von Gewinn und nicht im landwirtschaftlichen Sinne von "Ernteertrag" übersetzt, was den Kontext änderte.

Außenpolitik: Der französische Präsident Emanuel Macron dankte einmal dem australischen Premierminister und seiner Frau für deren Gastfreundschaft mit den Worten „Thank you to you and your delicious wife". Er verwechselte „delicious" mit dem französischen Wort „delicieux".

Eine Sammlung von weiteren falsch verwendeten englischen Wörtern in der EU finden sich u.a., wenn man im Internet nach „Misused English words and expressions in EU publications" sucht.

Es ist an der Zeit, Interlingua als neutrale Amtssprache in der EU einzuführen. Fangen wir also jetzt damit an.

Traduction in Interlingua

Introduction

Le Union Europee es un entitate politic e economic unic que connecta plus de 450 milliones de personas in 27 statos membros. Su diversitate es un de su major fortias – ma iste mesme diversitate representa tamben un del plus grande defias: le communication linguistic. Con 24 linguas official e inumerabile dialectos regional, le systema actual de multilinguismo attinge su limites. Illo causa costos elevate, rende le institutiones del UE minus efficiente e, paradoxemente, privilegia certe linguas, durante que alteres es marginalisate.

Un medio de communication neutral e facile a apprender poterea resolver iste problemas – e hic es ubi Interlingua entra in scena. Iste lingua planificate combina intelligibilitate con grammatica simplificate e offere un alternative juste que non favora alcun nation. Ma proque exactemente Interlingua? E qual avantages haberea un lingua official neutral pro le UE e su citatanos?

Iste libro examina proque le actual modello linguistic del UE necessita esser reformate, qual defias poterea esser un solution unificate e proque Interlingua ha le potential de render le UE plus democratic, efficiente e equitabile.

Le historia del Union Europee

Le Union Europee (UE) es un concepto politic unic basate sur le idea de promover pace, stabilitate e prosperitate in Europa. Su radices remonta al periodo post-Secunde Guerra Mundial, quando Europa debeva affrontar le consequentias devastante del guerra.

Le initios: Le integration europee post le Secunde Guerra Mundial

Post le fin del Secunde Guerra Mundial in 1945, le paises europee esseva motivate a reconstruer e evitar conflictos future. Con iste objectivo, le Communitate Europee del Carbon e del Ferro (CECA) esseva establite in 1951. Le sex statos fundatores – Belgica, Germania, Francia, Italia, Nederland e Luxemburgo – voleva promover le cooperation economic e le stabilitate politic per le controlo commun del carbon e del ferro.

Le Contractos de Roma e le fundation del CEE

In 1957, le statos fundatores signava le Contractos de Roma, que creava le Communitate Economic Europee (CEE). Le objectivo del CEE esseva de establir un mercato commun que facilitava le libere circulation de mercantias, servitutes, personas e capital. Con iste mercato commun, barrieras economic esseva reducite e le crescimento economic esseva promovite.

Expansion e disveloppamento del cooperation politic

In le annos sequente, le CEE se expandiva per includer nove paises. In le annos 1970, le prime expansion occurreva: Grande Britannia, Irlanda e Danmark se univa in 1973. Le communitate deveniva etiam plus active in le dominio politic pro addressar questiones social e ecologic.

Le Contracto de Maastricht e le creation del Union Europee

Un momento decisive in le historia del UE esseva le Contracto de Maastricht, signate in 1992 e entrate in vigor in 1993. Con iste contracto, le Union Europee esseva formalmente establite e su integration economic esseva extendite al dimension politic. Le contracto preparava le introduction de un valuta commun – le Euro – e creava le tres columnas del UE: le Communitate Europee, le Politica Exterior e de Securitate Commun e le cooperation in le dominio de Justitia e Affaires Interne.

Le introduction del Euro e altere expansion

Le Euro esseva introducite como moneta electronic in 1999 e como moneta physic in 2002 in 12 paises del UE. Le expansion del UE attingeva su apice in 2004, quando dece paises de Europa Central e Oriental – inter illos Polonia, Hungaria e Republica Tchec – deveniva membros. Iste expansion symbolisava le fin del Guerra Frigide e le reunification de Europa.

Le Contracto de Lisbona e le fortification del institutiones del UE

In 2009, le Contracto de Lisbona entrava in vigor con le scopo de meliorar le processo decisionari intra le UE. Iste contracto introduceva le Consilio Europee como institution official, fortificava le rolo del Parlamento Europee e extendava le competentias del UE in dominios como politica exterior e derectos human.

Defias actual e le futuro del UE

Hodie, le UE affronta plure defias, inter illos le crisis economic, le question del migration, le Brexit e tensiones geopolitic. Nonobstante iste difficultates, le UE remane un actor clave sur le scena global, sempre laborante pro promover stabilitate e prosperitate.

Le historia del Union Europee es un historia de pace, cooperation e integration. Illo ha reunite paises que un vice esseva rivales e ha firmate un objectivo commun: un Europa unite e prospere. In tempos de crisis e incertitude, le rolo del UE es plus essential quam jammais pro defender su valores commun: democracia, derectos human e le stato de derecto.

Le futuro disveloppamento del UE essera decisive pro determinar como Europa respondera a future defias e como su statos membros continuara a collaborar pro crear un melior futuro pro lor citatanos.

Linguas official actual in le Union Europee

Le Union Europee (UE) ha un panorama linguistic complexe, caracterisate per su multilinguismo.

Actualmente, le UE ha 24 linguas official:

1. Bulgaro (circa 7 milliones de parlatores native in le UE)

2. Danese (circa 5 milliones de parlatores native in le UE)

3. Germano (circa 95 milliones de parlatores native in le UE)

4. Anglese (circa 6 milliones de parlatores native in le UE)

5. Estoniano (circa 1,3 milliones de parlatores native in le UE)

6. Finnese (circa 5 milliones de parlatores native in le UE)

7. Francese (circa 80 milliones de parlatores native in le UE)

8. Greco (circa 10 milliones de parlatores native in le UE)

9. Irlandese (circa 70.000 de parlatores native in le UE)

10. Italiano (circa 65 milliones de parlatores native in le UE)

11. Croato (circa 5 milliones de parlatores native in le UE)

12. Letton (circa 1,8 milliones de parlatores native in le UE)

13. Lituano (circa 3 milliones de parlatores native in le UE)

14. Maltese (circa 500.000 de parlatores native in le UE)

15. Nederlandese (circa 25 milliones de parlatores native in le UE)

16. Polonese (circa 38 milliones de parlatores native in le UE)

17. Portuguese (circa 10,5 milliones de parlatores native in le UE)

18. Romaniano (circa 34 milliones de parlatores native in le UE)

19. Slovaco (circa 5,5 milliones de parlatores native in le UE)

20. Sloveno (circa 2,5 milliones de parlatores native in le UE)

21. Espaniol (circa 45 milliones de parlatores native in le UE)

22.   Svedese (circa 10,5 milliones de parlatores native in le UE)

23.   Tcheco (circa 10,7 milliones de parlatores native in le UE)

24.   Hungaro (circa 9 milliones de parlatores native in le UE)

Uso del linguas official

Tote le documentos official del UE – como contractos, regulamentos e directivas – es publicate in tote le linguas official. Isto assecura que tote le citatanos del statos membro pote leger e comprender iste documentos in su proprie lingua.

Le UE promove le communication in su linguas official pro garantir que le citatanos es informate super le decisiones politic e le modificationes legislative. Le sitos web del institutiones europee e diverse publicationes es disponibile in plure linguas.

In reuniones official, conferentias e sessiones parlamentari del UE, servicios de traduction e interpretation es fornite pro garantir un participation eque de tote le statos membro.

Le multilinguismo es tamben un elemento importante del politica educative del UE. Programmas como Erasmus+ supporta le apprendimento de linguas e le intercambio intercultural.

Motivos pro le multilinguismo

Le UE consiste de 27 statos membro que representa differente linguas, culturas e traditiones. Le linguas official reflecte iste diversitate e respecta le identitate de cata nation.

Le multilinguismo assecura que tote le citatanos del UE ha le possibilitate de participar in le discussion politic e juridic intra le UE. Fornir information in le lingua native de cata pais facilita un participation plus informate in le processos democratic.

Le uso de plure linguas in le UE assecura que necun lingua es privilegiate o marginalisate. Tote le citatanos ha le derecto de communicar in lor proprie lingua e de reciper information in illo.

Le multilinguismo favora le intercambio cultural e le comprehension inter le differentes nationes del UE, contribuentemente a un identitate europee plus forte.

Le UE se ha compromittite a supportar le multilinguismo pro proteger le derectos del citatanos e pro garantir que nulle lingua es subjecte a discrimination.

In conclusion, le multilinguismo in le UE es un elemento essential pro le integration e le coherentia inter le statos membro. Illo fortifica le identitate europee e promove le ingagiamento politic del citatanos.

Costos del Multilinguismo

Le costos del multilinguismo in le Union Europee (UE) pote esser considerate in differente areas e debe esser evaluate in le contexto del budget total del UE. Iste costos include tanto gastos directe como indirecte. Ecce alcun factores e aspectos clave concernente le costos del multilinguismo:

Costos directe

Iste costos se refere primarimente al gastos pro servicios de traduction e interpretation.

- Tote le documentos official debe esser traducite in tote le linguas official. Isto significa que pro cata documento, un summa significative de fundos debe esser allocate pro le traduction, lo que aumenta considerabilemente le costos.

- Durante conferentias e altere sessiones official, le interpretation es necessari. Isto genera costos additional, nam interpretes e traductores debe esser employate.

Costos indirecte

Il ha tamben costos que non resulta directemente del processo de traduction, ma es associate con le multilinguismo in general.

- Le functionarios del UE debe frequentemente reciper formation in multiple linguas, lo que genera costos additional de instruction e formation.

- Le uso de plure linguas pote render le administration plus complexe e demandar plus de personal e ressources pro garantir un communication efficiente.

- Un elemento frequentemente ignorate es le costo de errores de traduction o interpretation, que pote causar miscomprehension o distortiones cultural in textos official. Iste errores pote haber consequentias non calculabile in decisiones politic e economic.

Le budget general del UE

Le budget del UE es establite annalmente e comprende tote le gastos del Union in diversos sectores, como agricultura, disveloppamento regional, recerca e securitate.

- Pro le anno 2024, le budget total del UE esseva de circa 189 milliardos euros.

- Le exacte portion allocate al servicios linguistic varia de anno in anno, dependente del programma specific.

- Estimationes suggere que le costos annual pro traduction e interpretation in le UE varia inter centos de milliones e un milliardo de euros. Malgrado que isto representa un fraction relative del budget total, illo es sempre un costo significative.

Beneficios justificante iste costos

Malgrado su costos, le inversion in multilinguismo ha essite generalmente considerate como utile per le UE pro plure rationes:

- Melior communication inter statos membro, lo que contribue a decisiones politic plus coherente e a un melior comprehension inter le nationes.

- Supporto al turismo, nam un communication plus accessible facilita le viages e le interaction inter citatanos de differente paises.

- Fortification del relationes bilateral, lo que pote favorar le collaboration economic e diplomatic inter le statos membro.

Malgrado iste avantages, le question remane: es le sistema actual sustenibile a longe termino? E existe alternativas que pote meliorar le communication in Europa sin imponer tal onere financial?

Problemas del Multilinguismo

Le panorama multilingue del Union Europee offere certe avantages, ma tamben multe disavantages.

- Differente linguas ha rendite, in le passato, difficile le communication inter le statos membro e intra le institutiones del UE.

- Le traduction de documentos e le foramimento de servicios de interpretation causa costos elevate pro le institutiones del UE, como mentionate supra.

- Le multilinguismo require structuras administrative complexe pro satisfacer le demandas del varie linguas.

- Alcun linguas (como le anglese) es dominante, durante que altere linguas recipe minus recognition e ressources.

- Citatanos que non parla un del linguas official del UE ha accesso limitate al informationes.

- Le communication multilingue ha retardate le efficientia del processos de decision in le UE e lo ha rendite plus vulnerabile a errores.

- Le systema educative debe investir plus de ressources pro inseniar plure linguas a su studentes, lo que augmenta le costos educative.

Effectos negative del Multilinguismo

- Integration difficile pro migrantes: Personas que non parla le lingua del pais de residentia ha difficultates pro integrar se in le societate.

- Miscomprehension cultural: Differente linguas pote generar miscomprehensiones cultural que impedi le cooperation inter statos membro.

- Avantages disproportionate pro certe linguas: Parlatores native del tres linguas principal (anglese, francese e germano) ha un advantage in negotiationes international concernente a parlatores de linguas minor.

- Disparition de linguas minor: Le predominio de certe linguas pote resultar in le declino de linguas minoritari.

- Processos burocratic plus complicate: Le necessitate de haber conto de plure linguas rende le administration plus difficile e lente.

- Mobilitate reducite: Barrieras linguistic dissuade multe personas de viagiar o laborar intra le UE.

- Difficultates pro le sector economic: Companias debe provider productos e servicios in plure linguas, lo que pote significar costos additional.

- Problemas pro parve companias: Organisationes minor trova difficile satisfacer le costos e requirimentos del multilinguismo.

- Accesso limitate al opportunitates de labor: Laboratores que non parla plure linguas ha minus opportunitates professional.

- Manco de personas qualificate: In certe regiones, il ha un deficit de personas con competentias linguistic suffice.

Consequentias politic e social

- Differente linguas ha causate polarisation politic e cultural intra le UE in le passato.

- Touristas pote trovar difficultates quando illes affronta information multilingue.

- Il ha un crescente necessitate de servicios linguistic e programas de traduction pro mantener le multilinguismo.

- Software e applicationes debe esser adaptate pro plure linguas, lo que require effortios e costos additional.

- Le preservation e promotion de linguas minoritari es difficile pro multe paises, debite al manco de ressources.

- Parlatores de linguas minoritari pote esser socialmente stigmatisate, lo que pote resultar in discrimination.

- Le disveloppamento de un politica linguistic sustenibile e consistente es un defia.

- Debattos linguistic ha causate conflictos interne in nationes e inter statos membro.

Malgrado iste disavantages, il es importante considerar le avantages del multilinguismo in le UE, como le diversitate cultural, le melior apprendimento de linguas e le opportunitates economic.

Proque le linguas national non es un bon option como lingua official unic

Le uso de un del linguas official actual del Union Europee, como le anglese, francese o germano, como sol lingua official non esserea un solution ideal pro plure rationes:

- Le Union Europee consiste de 27 statos membro con multe linguas. Cata lingua e cultura ha su proprie valores, traditiones e stilos de communication. Si solo un lingua official es seligite, illo marginalisarea e disavantagiara statos que non parla iste lingua.

- Non tote le citatanos del UE parla le mesme lingua fluentemente. Un sol lingua official crearea barrieras de communication, specialmente pro personas que non ha apprendite lo. Isto reducerea lor possibilitate de participar in le processo politic e le integration intra le UE.

- Le lingua es un elemento fundamental del identitate cultural. Imponer un sol lingua official pote esser vidite como un tentativa de homogenisar le diversitate cultural del UE. Isto jam ha causate opposition e insatisfaction in le passato, specialmente in paises como Hungaria.

- Le administration e execution de decisiones in un sol lingua es difficile, specialmente in un ambiente multilingue. Tote le documentos e communicationes debe esser traducite correctemente, lo que genera costos additional e augmenta le risco de errores.

- Un sol lingua official non neutral augmentarea tensiones politic intra le UE. Statos que non parla iste lingua se sentira disavantagiate, lo que pote reducer le cooperation e compromitter le unitate del Union.

- Un systema basate sur un lingua official non neutral rende le accesso al education e information plus difficile pro parlatores de altere linguas. Isto pote disavantagiar migrantes e minoritates linguistic e augmentar le diseguitate social.

In conclusion, le diversitate linguistic in le UE non solmente reflecte le identitate cultural e historic del statos membro, ma anque crea defias practic e politic. Un lingua official non neutral non representa iste diversitate de maniera adequate e ha in le passato causate tensiones social e politic intra le Union.

Pro iste rationes, un lingua neutral es necessari pro garantir un communication equitabile intra le UE.

Avantages de un lingua official neutral

Un lingua neutral como lingua official unificate pro le Communitate Europee e su statos membro apporta numerose avantagios.

- Un lingua neutral fortifica le sentimento de appartinentia commun e le identitate europee.

- Un lingua commun facilita le communication inter le statos membro e su citatanos.

- Le uso de un lingua neutral minimisa errores de traduction e interpretation mal comprensibile.

- Le costos administrative pro traduction e interpretation in multiple linguas es reducite significativemente.

- Le citatanos ha accesso plus facile a information e documentos official in un lingua unificate.

- Tote le citatanos ha le mesme opportunitate de participar in le processus politic, independentemente de lor lingua materne.

- Le processo legislative deveni plus efficiente, pois que il es necessari traducer un minor numero de documentos.

- Institutiones educative pote offrir programmas pro apprender le lingua neutral, meliorante le competentias linguistic del citatanos.

Beneficios in le economia e le commercio international

- Un lingua unificate facilita e promove le turismo international.

- Le companias beneficia de barrieras linguistic reducite e pote operar plus facilemente in altere statos membro.

- Le mercado latinoamerican, inter alteres, deveni plus accessibile como partner commercial.

- Le commercio libere inter paises es simplificate per un lingua commun.

- Un lingua neutral facilita le intercambio de valores e traditiones cultural.

- Illo meliora le communication con altere organisationes international e fortifica le position del UE a nivello global.

- Le acceptation de un lingua neutral promove le conscientia del diversitate linguistic e cultural.

- Conflitos super le predominio de certe linguas es significativemente reducite.

- Migrantes e citatanos ex altere paises pote integrar se plus facilemente.

- Un lingua neutral contribui a reducer prejudicios contra certe linguas e culturas national.

- Le implementation de solutiones digital es simplificate, pois que systemas informatic pote esser disveloppate in un sol lingua.

- Institutiones educative pote producer materiales didactic plus facilemente in un lingua unificate.

- Le uso de un lingua commun fortifica le sentimento de coherentia social.

- Le intercambio de recerca e cognition inter statos es facilitate per un lingua unificate.

- Un numero plus grande de citatanos pote participar activemente in processos politic.

- Le lingua unificate facilita le accesso a opportunitates de labor in altere paises.

- Organisationes pote collaborar plus facilemente trans barrieras linguistic, specialmente in le campo medical e juridic.

- Le intercambio de ideas e innovation es promovite per le simplification del communication.

Iste avantages contribue a un collaboration plus intense intra le Union Europee e simplifica le processus decisionari globalmente.

Facilitation del commercio international

Un lingua neutral como lingua official unificate pro le Union Europee meliora tamben le commercio international.

- Un lingua commun elimina le barrieras de communication inter le statos membro, facilitante negotiationes, contractos e le intercambio de informationes. Isto pote resultar in transactiones commercial plus rapide e efficiente.

- Le companias extra le UE haberea accesso directe a tote le statos membro sin necessitate de superar barrieras linguistic. Isto es particularmente relevante pro le mercato latinoamerican.

- Si tote le actores commercial parla le mesme lingua, errores e misunderstandingos es reducite. Isto promove un major claritate in le relationes de negocios e meliora le fide inter partners commercial.

- Un lingua neutral facilita le accesso al commercio international pro companias plus parve e nove entrantes in le mercato.

- Le accesso a information, mercados e partners commercial deveni plus simple, pois que le barrieras linguistic es eliminate.

- Terminos juridic e technic uniforme in un lingua commun   standardisa   le   redaction   e comprehension de contractos. Isto reduce litigios e meliora le securitate del commercio international.

- Un lingua commun facilita le intercambio de cognition e le collaboration inter companias e centros de recerca in differente paises, conducente a innovation e practicas commercial plus efficiente.

- Le uso de un lingua neutral approximara paises e culturas non solmente in le commercio, ma etiam in le relationes politic e social.

In conclusion, un lingua neutral pote ser un instrumento potente pro meliorar le integration intra le Union Europee e pro fortificar su position como actor global.

Interlingua como solution

Quando on considera linguas planificate como Esperanto, Ido, Volapük e Interlingua como possibile lingua official neutral pro le Union Europee, il ha plure criterios que debe esser considerate, como intelligibilitate, simplicitate, facilitate de apprendimento, acceptation cultural e applicabilitate practic. Pro isto, il es utile comparar iste linguas:

Esperanto

Esperanto ha un acceptation relativemente alte e es parlate per multe personas in tote le mundo. Su grammatica es simple e regular, lo que facilita su comprehension. Le lingua ha un structura clar e logic con pauc exceptiones. Su vocabulario es basate primarimente sur linguas europee.

Esperanto es considerate como un del linguas planificate plus facile a apprender. Un parlator native de germano necessita circa 600 horas pro attinger un nivello fluentemente, un tempore comparabile con le studio del anglese, svedese o nederlandese.

Esperanto ha un communitate active de parlatores in tote le mundo e un infrastructura cultural con literatura, eventos e medios de communication. Tamen, Esperanto es un lingua totalmente artificial e es comprehendite solmente per personas qui lo ha apprendite.

Ido

Ido es un reformation de Esperanto que cerca eliminar certe ambiguositates e irregularitates. Totevia, su communitate de parlatores es multo minor comparate con Esperanto.

Ido ha un grammatica simile a Esperanto ma include alcun modificationes pro simplificar lo ancora plus. Su apprendimento es considerate facile, con un tempore estimate simile a Esperanto.

Le uso de Ido in le communication international es limitate, pois que solmente un numero reducite de personas lo parla activemente. Como Esperanto, Ido es un lingua que debe esser apprendite ante que on lo pote comprender.

Volapük

Volapük es un del linguas planificate plus vetere, ma su grammatica es complicate e su vocabulario es extranee e difficile a comprender pro parlatores de linguas europee.

Su structura non es tanto regular como Esperanto o Ido, e illo contine elementos complex que lo rende plus difficile a apprender. A causa de su complication, le motivation de studiosos es basse.

Volapük ha un communitate extrememente reducite, e su uso practic in le mundo moderne es quasi nulle.

Como in le caso de Esperanto e Ido, on debe apprender lo ante que on pote communicar con illo.

Interlingua

Interlingua non es un lingua planificate in le senso traditional, ma plus tosto un standardisation del vocabulario commun del linguas europee, create per linguistas.

- Interlingua es basate sur le vocabulario de origine latin e grec, presente in linguas germanic, romanic e slavonic.

- Pro iste ration, Interlingua es immediatemente intelligibile pro parlatores de linguas romanic e pro multe academicos, sin necessitate de apprender lo.

- Su grammatica es simple e logic sin structuras grammatical complicate.

- Le orthographia es phonetica, lo que facilita su apprendimento.

Un parlator native de germano pote apprender Interlingua in circa 60 horas, un periodo significantemente plus breve que Esperanto o Ido.

Interlingua ha un differentia fundamental comparate con altere linguas planificate: su application es immediate. Non es necessari communicar solmente con altere parlatores de Interlingua – on pote directemente usar lo con parlatores de linguas romanic. Isto significa que Interlingua es comprehensibile pro circa 2 milliardos de personas in le mundo.

Interlingua es usate in scientia, communication technic e commercio international e es deveniente plus relevante in le economia global, specialmente con America Latin e le industria del turismo.

Conclusiones

Interlingua es le melior option pro un lingua official neutral in le UE.

- Illo se basa sur un vocabulario commun al linguas europee, significante que multe personas pote comprender lo sin apprender lo activemente.

- Le estimate de 2 milliardos de personas con cognoscentia basic de linguas romanic es un avantage major pro su propagation.

- Su grammatica es simplificate e intuitive, rendente lo facile a apprender e a usar.

- Illo non es ligate a alcun cultura o nation specific, garantiente neutralitate cultural.

- Como Interlingua ha essite create specificamente pro communication international, illo es un instrumento ideale pro eliminar barrieras linguistic intra le UE.

- Interlingua supporta le intercambio in scientia, technologia, commercio, cultura e turismo.

Con le globalisation e le necessitate de communication inter culturas, Interlingua pote esser le solution ideal como lingua franca neutral.

Interlingua pote dunque esser considerate como un solution practic e accessibile pro le communication international e, in particular, intra-europee, pois que multe personas la pote comprender e usar, durante que illo representa simultaneemente un vocabulario europee commun.

Passos pro le implementation

Le implementation de Interlingua como lingua official neutral in le Union Europee es un processo vaste e complexe.

Hic seque un summario del passos essential que debe esser prendite pro introducer Interlingua como lingua official neutral in le UE:

- Definition del objectivos: Formular objectivos clar e definir le avantages del introduction de Interlingua como lingua official.

- Analyse del partes interessate: Identificar le actores principal, includente decisionarios politic, expertos linguistic e le publico general.

- Legislation: Elaborar e approbar le regulamentos legal necessari pro le recognition de Interlingua como lingua official.

- Negotiationes: Conducer discussiones con le statos membro del UE pro obtener lor supporto e eliminar possibile preoccupationes.

- Planos de education: Developpar curriculos e materiales pro le inseniamento de Interlingua in scholas e universitate.

- Programmas de formation: Organisar cursos de formation pro professores e functionarios public pro promover le acquisition del lingua.

- Campanias de information: Lancear campanias public pro sensibilisar le population super le vantagios de Interlingua.

- Ateliers e eventos: Organisar eventos e conferentias pro introducer Interlingua e motivar personas a apprender lo.

- Servicios de traduction: Crear servicios de traduction e interpretation in Interlingua pro su uso in le institutiones del UE.

- Documentation: Traducer documentos official e materiales in Interlingua pro promover su uso in communicationes official.

- Ressources digital: Disveloppar ressources online, instrumentos de traduction e apps de apprendimento pro facilitar le accesso a Interlingua.

- Platteformas de intercambio: Crear communitates virtual ubi personas pote apprender e practicar Interlingua.

- Collection de feedback: Realisar evaluationes regular e recolliger feedback del population pro meliorar le implementation.

- Adaptationes: Basate sur le feedback, facer adaptationes al curriculos, programmas e regulamentos juridic pro optimisar le processo.

Le introduction de Interlingua como lingua official neutral in le UE essera un initiative a longe termino, requirente coordination, supporto e engagemento de varie actores.

Il es essential que le processo essera inclusive e respectose verso le diversitate cultural e linguistic del statos membro del UE.

Exemplos de errores de traduction causate per le multilinguismo

Le errores de traduction in documentos del Union Europee es variate e sovente resulta de nuances linguistic o differentias de contexto. Hic seque alcun exemplos que illustra como iste errores appare:

- "Gift" in anglese traducite como "Gift" in germano, in loco de "Geschenk" (dono).

- "Actual" in anglese traducite como "Aktuell" in loco de "Tatsächlich" (realmente).

- "Fabric" traducite como "Fabrik" (fabrica) in loco de "Gewebe" (textile).

- Traduction errate de "Policy" como "Polizei" in loco de "Politik" (politica).

- "Chef" in anglese traducite como "Chef" in germano (dirigente) in loco de "Koch" (chef de cuisine).

- "Brave" traducite incorrectemente como "Brav" (beneducate) in loco de "Mutig" (coragiose).

- "Librarian" mal traducite como "Libraire" in francese in loco de "Bibliothécaire" (bibliothecario).

- "Sympathetic" traducite como "Sympathisch" (simpatic) in loco de "Mitfühlend" (empathic).

- "Eventual" traducite como "Eventuell" (possibile) in loco de "Schließlich" (finalmente).

- "Pretend" traducite como "Prätendent" (pretendente) in loco de "So tun als ob" (facer semblar).

- Confusion inter "Mayor" e "Major" (maior).

- "Assist" traducite como "Assistieren" (assistar) in loco de "Helfen" (ajudar).

- "Complexion" traducite como "Komplexität" (complexitate) in loco de "Hautfarbe" (color del pelle).

- "Constipation" traducite como "Konstellation" (constellation) in loco de "Verstopfung" (constipation intestinal).

- "Raisins" traducite como "Rasins" in francese in loco de "Raisins secs" (uva seccate).

- "Sensible" traducite como "Sensibel" (sensitive) in loco de "Vernünftig" (rationabile).

- Confusion inter "Department" e "Deponie" (deposito de residuos).

- "Gymnasium" in anglese traducite como "Gymnasium" in germano (liceo) in loco de "Turnhalle" (sala de sport).

- "Mark" traducite como "Marke" (marca) in loco de "Note" (voto scholastic).

- "Billion" in anglese traducite incorrectemente como "Billion" in germano, in loco de "Milliarde" (milliardo).

- "Lecture" traducite como "Lektüre" (lectura) in loco de "Vortrag" (presentation).

Le consequentias del errores de traduction

Tal errores resulta sovente de false amicos – parolas in duo linguas que pare simile ma que ha significatos differente. Iste errores demonstra le importantia de traduction precise, specialmente in documentos official.

Le errores de traduction in documentos official del Union Europee pote conducer a malcomprensiones o situaciones embarrassante. Hic seque alcun exemplos concretos:

- Politica de piscatura: In un documento, le termino anglese "fishing" esseva traducite como "Fischen" in germano, lo que refere anque al piscatura de recreation, durante que le contexto indicava le piscatura commercial. Isto causava confusion concernente regulamentos applicabile solo al sector industrial.

- Regulationes alimentari: Un documento juridic traducite le termino "conservation" (preservation) incorrectemente como "Konservierung", lo que in germano refere al preservation de alimentos (conservas).

75

- Regulas legal: "Community law" (legislation commun) esseva traducite como "Kommunalrecht" (legislation municipal), lo que cambiava completamente le significato.

- Rapporto economic: In un rapporto economic, "billion" in anglese esseva traducite incorrectemente como "Billion" in germano, lo que representa un factor de 1000 de euro (un billion in germano es un trillion in anglese). Isto distortava significantemente le datos economic.

- Politica agrari: Le termino "yield" esseva traducite como "Ertrag" (profitto) in loco de "Ernteertrag" (rendita agrari), lo que creava confusion in le contexto del agricultura.

- Diplomatia international: Durante un visita official, le presidente francese Emmanuel Macron gratiasse le prime ministro australian e su sposa per le phrase: "Thank you to you and your delicious wife." Ille confundiva le parola anglese "delicious" con le parola francese "délicieux", que pote significar "amabile" in francese ma que in anglese sona como un commento inappropriate.

Un lista additional de errores linguistic in le UE pote esser trovate per cercar "Misused English words and expressions in EU publications".

Le solution: Interlingua

Es evidente que le complexitate linguistic in le Union Europee pote generar errores significative con implicationes legal, economic e diplomatic.

Pro isto, es tempore de introducer Interlingua como lingua official neutral del UE.

- Intelligibile pro multe europeos

- Neutral e non ligate a un pais specific

- Reduction del costos de traduction

- Facile a apprender e usar

- Melior communication intra e foras del UE

Il es ora de ager – lassa nos introducir Interlingua como lingua official neutral in Europa!

Zeitfracht Medien GmbH
Ferdinand-Jühlke-Straße 7
99095 Erfurt, Deutschland
produktsicherheit@kolibri360.de